DIALOGUE

ENTRE

CIDABOT-MÉBLEN

ET

BERNARDIN DE SAINT-PIERRE,

AUTEUR DES ÉTUDES DE LA NATURE.

A PARIS,

Chez les Marchands de Nouveautés,

29 frimaire an 6.

N°. 122.

DIALOGUE

ENTRE

CIDABOT - MÉBLEN

ET

L'AUTEUR DES ÉTUDES DE LA NATURE,

SUR quelques apperçus du grand tableau politique de la France, après le DIX-HUIT *fructidor, & fur les épurations d'autorités par le gouvernement.*

CIDABOT-MÉBLEN. Eh bon jour donc, mon cher BERNARDIN : ô que je fuis charmé de vous rencontrer ici !

SAINT-PIERRE : Quoi ! c'eft-vous, brave CIDABOT-MÉBLEN ! vous dans la capitale ! je vous en croyais à plus de cent lieues. D'où venez-vous donc, & où allez-vous ?

CIDABOT-MÉBLEN. Je viens du département de la Marne, & je n'ai point envie d'aller plus loin que Paris. En deux mots, voici mon hiftoire :

Retiré fur un petit coin de ces plaines de la Champagne, où les offemens des efclaves du tyran de la Pruffe, fe confondent maintenant avec la cendre des Huns, des Vandales & de la foldatefque du brigand

2.

ATTILA ; c'eſt-là que , depuis près de vingt ans , je digère & je médite dans l'une des villes de cette ci-devant province dont on a , pendant la réaction , ſi cruellement étouffé l'ardent patriotiſme. Au demeurant , ce ſont de braves gens que nos bons champenois.

SAINT-PIERRE. Hem.... ſi j'en jugeais par cet épouventable accuſateur public , par cet horrible aſſaſſin de la cour de Vendôme ; vos champenois ne ſeraient pas déjà ſi bons que de merveille.

CIDABOT-MÉBLEN. Oui , ſi tous reſſemblaient à ce juge-bourreau : mais les monſtres ne ſont pas dans la nature ; & , Dieu merci , on compte très-peu de VIEILLARDS parmi mes concitoyens. Je vous le répéte , ce ſont de braves gens que nos bons champenois. J'aime à vivre avec eux. Leurs plus fins eſprits , par exemple , n'ont pas des idées bien étendues en matière de politique ; & ils n'en raiſonnent guères qu'à bâtons rompus. C'eſt-là ce qui me déſoriente. Je pâmais , au milieu d'eux , de la ſoif de quelques explications en ce genre , dont perſonne , faute de l'avoir , ne pouvait me donner la clef.

N'y tenant plus , monté ſur la haquenée de monſieur de *Saint-FRANÇOIS* , j'ai pris la route de Paris , & m'y voilà ; j'arrive. Je compte paſſer ici quelques jours ; & lorſque , dans cette ville , la grande manufacture de toutes les politiques , j'aurai , de droite & de gauche , gobé l'air de ſes quatre mille & tant de bureaux , je pourrai regagner pays , déſaltéré peut-être de la ſoif qui m'étrangle.

SAINT-PIERRE. Oui, peut-être, c'eſt bien dit : car ici, comme ailleurs, il y a bien des mâchoires, bien des buſes en politique.

CIDABOT-MÉBLEN. Tant pis, morbleu, tant pis ; ce n'eſt pas-là mon compte. J'ai le cœur ſi ſerré, ſi gros de tout ce qui ſe dit, de tout ce qui ſe fait, de tout ce qui ſe paſſe dans le grand, ſous les yeux du petit monde, qu'à l'inſtant même où je vous rencontre, je cherchais de tous mes yeux quelque perſonne de ma connaiſſance, un homme inſtruit, pour lui faire part des réflexions qui me débordent de la tête ; elle en eſt ſi pleine, qu'elle en bout. Mais je ſuis excédé de fatigue ; entrons un inſtant chez le reſtaurateur MÉOT : nous y politiquerons plus à notre aiſe.

SAINT-PIERRE. Politiquer, ſoit ; mais non pas pour y graiſſer le couteau ; je ne ſuis point un vivrier, & je ne vis ni d'aubaines, ni d'indigeſtions. J'ai d'ailleurs encore trop préſent à l'eſprit le bon mot du docteur HECQUET, ſur les APICIUS, les MÉOTS & autres empoiſonneurs de ſon ſiècle.

CIDABOT-MÉBLEN. Ah bon : vous voulez parler, ſans-doute, de ce médecin original, qui, avant de tirer les rideaux du lit, & de tâter le pouls de ſes *riches* malades, enfilait droit à la cuiſine ; & là, ſautant au cou des cuiſinières & des marmitons, leur diſait, en les ſerrant dans ſes bras : « courage, mes » bons amis, courage ! continuez-nous toujours vos » bons offices. La reconnaiſſance eſt dans notre cœur : » ſans la ſucculence de votre art, ſans les raffinemens

» de vos coulis & de vos fauces , la médecine ferait
» aux abois ; & plus pauvre que le rat folitaire des
» églifes , on verrait bientôt la *falubre* faculté , fans
» fourrure & fans bas , aller friffonner tout du haut
» d'elle , & faire triftement diète à l'hôpital ».

Mais laiffons ce galant Efculape aux prifes bec-à-
bec , avec les fringantes cuifinières & les toupies de
la maladive opulence ; & entrons , vous dis-je , chez
le citoyen MÉOT.

(*Ils entrent, fe placent, vis-à-vis l'un de l'autre,
aux angles oppofés d'un déjeûner chinois, à roulettes ;
& tortillé en papillotes, un papier-nouvelle à la main,
CIDABOT-MÉBLEN renoue ainfi la converfation*).

L'auriez-vous cru, fage BERNARDIN, qu'il exifte ,
en ce moment , au fein de vaftes & de belles contrées
du globe, une nation, dans le continent Européen, « où
» la fottife eft en guerre *ouverte* avec la raifon , la
» trahifon avec la bonne-foi , la corruption avec les
» vertus , la vénalité avec le défintéreffement , l'or-
» gueil avec la franchife , la fuperftition avec la
» philofophie , les préjugés avec les lois , la lâcheté
» avec le courage , le ridicule avec l'admiration ,
» l'infouciance avec l'enthoufiafme , la ftupidité avec
» la lumière , la baffeffe avec la modération , l'in-
» trigue avec les talens , la fcélérateffe avec la pro-
» bité , *l'athéifme avec la doctrine de l'immortalité* , &
» l'efprit de fervitude avec la liberté (1) ».

____

(1) *Le patriote français* , N°. 70 , article : *Nouvelles exté-
rieures.*

SAINT-PIERRE. Miféricorde !!! Je ne reconnais point là les *douces & diverfes feigneuries de la nature.* Quelle fufée de calamiteufes *oppofitions !* Quelle débâcle de *contraftes* défolans !

CIDABOT-MÉBLEN. Hélas oui ! & il s'en faut bien, féduifant jafeur, aimable SAINT-PIERRE, que ce foient-là ces *raviffantes harmonies* dont *l'étude de la nature* a fi fouvent embelli la magie de vos pittorefques & patriotiques tableaux.

SAINT-PIERRE. Vous l'avez dit. Quelle affreufe kyrielle de bifarres *diffonances !* jamais le fyftême entier de la *nature* n'a offert à mes *études* rien d'équivalent ; & je ne fache que l'empire des Manichéens où le monde moral & politique foit ainfi fens-deffus-deffous. Quel abyme que *l'étude* de l'homme, de fes paffions & de fes *rapports* fociaux ! & comme la *providence* eft impénétrable dans la fageffe & l'immenfité de fes *plans* !... Avec du tems & de la réflexion, je pourrai néanmoins, je crois, parvenir à vous *harmonifer* tout cela ; car enfin, vous devez le favoir, *la providence ne fait rien envain ;.* & par-tout, jufque dans ce qui échappe aux *convenances de notre raifon,* elle *conferve le refpect de fa gloire.*

CIDABOT-MÉBLEN, Doucement, mon cher BERNARDIN : je vous vois venir ; & pour peu que je vous laiffe aller, vous me prouveriez bientôt par a † b, que cette longue *férie* de défordres dont je viens de vous retracer, en feconde *ligne,* le tableau, n'eft tout uniment qu'*une fuite de la loi générale des*

contraires , qui gouverne le monde , & d'où réfultent ,
fuivant vous , toutes les harmonies de la nature. Mais
vous conviendrez que ce n'eft ici ni le tems ni le
lieu de nous amufer à ces favantes & *harmonieufes*
vétilles.

. SAINT-PIERRE. Puifque vous le voulez, concen-
trons donc nos idées fur les maux de ce vafte en-
droit de la terre, où vous dites que les habitans font
en guerre ouverte avec tous les *élémens* fociaux. O
l'affreux pays que ce pays-là ! il eft plus maudit
mille fois que ne le fut jamais, dans le myftique gal-
banum du juif MOYSE, la terre fauvage de Chanaan.
J'ai tenu bien des *fites*; j'ai parcouru bien des *latitu-*
des ; mais, en vérité, nulle part je n'ai vu l'efpèce
humaine fous des *afpects* auffi *diffonans.* Où eft-il
donc , cet affreux pays ? Sous quelle *conftellation*
célefte eft-il ainfi difgracié ? dites, & que, pendant
qu'il eft de bout & armé, le français ajoute encore
à l'inénumérabilité de fes triomphes , la gloire de
mettre fin à une guerre plus odieufe que ne le fut
l'impuiffante coalition de l'Europe contre l'héroïfme
& la magnanimité imperturbables de la GRANDE-
NATION.

CIDABOT-MÉDLEN. Homme fenfible ! vous qu'in-
digne la feule idée de toutes les vertus aux prifes
avec l'Hydre de tous les vices ; vous vivez au centre
même de tant de vertus & de tant de vices, & vous
me demandez fous quel *horifon* , fous quel *rideau* du
ciel fe cache, en Europe, ce hideux théâtre d'hor-

reurs ! Est-ce qu'à force d'avoir voulu faire *confon-ner* ce qui, dans le fyftême politique & moral, comme dans celui de la *nature* phyfique, ne fera jamais que *diffoner*, vous ne verriez plus fur la fcène mouvante de nos paffions, que des *plans d'harmonies céleftes* ; & en place de la trifte réalité, que les brillantes chimères d'une imagination abufée ? Un fage, que la fobriété de fes obfervations n'a point encore blafé, vient d'imprimer, de vous dire dans fon excellent journal, (j'en tiens dans ce numéro la page en papillote), que c'eft fous fes yeux, fous les vôtres, fous les miens, en France, au milieu de la nation qui fe dit régénérée, que ce fpectacle, après le 18 fructidor, foulève encore l'indignation, & humilie, tout-à-la-fois, l'œil du philofophe, de l'obfervateur.

Saint-Pierre. De quel trait de lumière vous venez de m'éclairer !... Non, non ; votre fage n'a point chargé le tableau de notre fituation intérieure & morale : il n'eft hélas ! malheureufement que trop vrai. Et la caufe, la caufe de tant de maux, s'il vous plaît ?

Cidabot-Méblen. Pouvez-vous me la demander ? Elle faute aux yeux de tout le monde : c'eft la corruption de l'efprit public.

Saint-Pierre. Mais ce fameux DIX-HUIT FRUCTIDOR, qui fera tant de bruit dans l'hiftoire....

Cidabot-Méblen. Rien, qu'un coup d'épée dans l'eau ; ne m'en parlez plus. Il pouvait, il devait fauver la chofe publique ; & cette journée qui, fur son heureux déclin, eut dû arracher du cœur infect du royalisme, jusqu'à l'ombre même de l'espérance; elle semble ajouter, depuis trois mois, à l'audace orgueilleuse & toujours renaissante de ses prétentions liberticides.

SAINT-PIERRE. Oui, mais *quand la politique humaine attache sa chaîne au pied d'un esclave, la justice divine en rive l'autre bout au cou du tyran.*

CIDABOT-MÉDLEN. C'est-là une des belles phrases de votre *septième étude* : elle est vraie, mais ce n'est point ici le cas de l'application. La seule politique de notre gouvernement représentatif est, en brisant toutes les chaînes de l'antique servitude, de présenter à chacun des individus de la GRANDE NATION, indépendamment des longues *lisières* d'une liberté sage, la protection spéciale & le frein salutaire des lois. Voilà, sauf erreur, ma profession de foi sur les intentions & la politique d'un gouvernement dont les membres, grâces pourtant au DIX-HUIT FRUCTIDOR, ne seront plus tiraillés, en sens contraire, par leurs passions, comme le font les marionettes par le jeu de leurs cordons. C'est-là du-moins l'espérance que vient de nous donner, au nom du gouvernement, le citoyen BARRAS, lorsqu'en réponse au discours du pacificateur de l'Europe, il s'exprimait ainsi, le 20 frimaire dernier : « Le directoire est
» unanime; — union de républicanisme, de force, de
» courage, de principes, d'intentions, de volontés
» & d'estime réciproque ; tel est l'esprit du gouver-

(11)

» nement ; tel eſt le roc inébranlable contre lequel
» toutes les factions viendront ſe briſer ». Oui,
c'eſt-là ma profeſſion de foi, & je ne penſe pas que
le directoire lui-même veuille en ſyncoper, ou en
déſavouer le formulaire.

SAINT-PIERRE. Je ne le penſe pas non plus.
Mais ſavez-vous qu'elle eſt jolie votre comparaiſon
de MARC-AURÈLE, avec le jeu de ſes cordons &
les gambades de ſes marionettes ? . . . . Avec tout
cela cependant, elle m'épouvante, cette corruption
de l'eſprit public. Eſt-ce qu'il ne ſerait pas poſſible
d'arrêter la marche rapide de ſes progrès ? car enfin,
ſans venir d'auſſi loin que vous, je tiens, comme
tout bon citoyen, au *ne pars ſincera trahatur*. Le
mal ſerait-il donc déjà ſans remède ?

CIDABOT-MÉBLEN. Non pas; vous allez trop vîte.

SAINT-PIERRE. Une bonne éducation nationale,
par exemple. . . . .

CIDABOT-MÉBLEN. Nous n'en avons pas encore ;
on tâtonne, on cherche à en aſſeoir les baſes & le
ſyſtême. D'ailleurs long-tems, à cet égard, ſon
influence ſera nulle. Hé ! que de choſes à dire ſur la
biſarrerie des élémens qui compoſent aujourd'hui la
plupart de nos jurys d'inſtruction publique ! ! ! Et que
de CRAQUE, que de JAPPEFORTS ſur les banquettes
de ces jurys d'éducation nationale !

SAINT-PIERRE. *Jappe, crique, craquefort*, ne
dites-vous pas ? ſur quoi donc me *patronnez-vous* ces
expreſſions-là ? & qu'eſt-ce que. . . .

Cidabot - Méblen. Ce n'eſt rien ; c'eſt la double dénomination de l'un de ces bravaches , de ces énergumènes , de ces héros de notre *guinguette-patriotique* (2) , à qui l'ingénieux auteur de cette pièce charmante & ſi pleine de ſel , avait ſu , dès les premiers jours de 1790 , arracher , quoiqu'ariſtocrate , le maſque de l'hypocriſie & de l'ambition. O qu'il connaiſſait bien les hommes , l'auteur de la *guinguette !* Et comme dans la mobile obliquité de leurs regards , il ſavait à l'inſtant dédoubler leurs penſées ! Il n'était pas médecin ; mais, tu · dieu, qu'il connaiſſait bien les médecins - *jappeforts* , les *craqueforts* en patriotiſme !

Cette digreſſion ne fait pas notre beſogne. Nous diſions que long · tems encore l'éducation ſerait nulle, pour la régénération de l'eſprit public ; & cela eſt vrai. Encore une fois, ce ne ſont pas des moyens en herbe , mais de prompts , mais de préſens qu'il nous faut. Au ſurplus, je n'en connais qu'un, de la claſſe des *anti-ſeptiques* : il eſt doux , mais capable toutefois de cerner, juſqu'au delà de ſes racines, les progrès de la contagion.

---

(2) Production dialoguée de 16 pages in - 8°. qui a eu plus d'éditions en Europe , que la meilleure comédie n'a jamais eu de repréſentations ſur le théâtre de Paris. L'édition la plus recherchée de cet opuſcule, paraît être, à cauſe des notes & de la clef , celle de Paris, de *l'imprimerie patriotique, No. 13. L'obſervateur du département de la Marne ,* l'a conſigné dans l'ouvrage qui porte ce titre, pages 85 & ſuivantes , mais avec quelques modifications & ſans clef.

(13)

Saint-Pierre. A merveille ! mais on ne se joue
pas impunément, ce me semble , avec les remèdes.
L'application raisonnée de votre *anti-septique*, qui est-
ce qui la dirigera ?

Cidabot-Méblen. Le directoire : mon *spéci-
fique* est sous sa main. Qu'il le dose à propos ; & ,
sur la foi de l'expérience, sur la nature & la connais-
sance du mal , comme sur l'efficacité du remède , je
vous réponds, moi, d'une prompte révivification dans
toutes les puissances, maintenant *négatives*, du vaste
corps politique.

Raisonnons. Est-ce avec ces levains impurs , qui
gangrennent toutes les parties de l'administration
publique, & qui inoculent au loin, sur la haine de
la démocratie , les fermens de la désastreuse royauté;
de bonne-foi, judicieux Bernardin , est-ce bien
avec de pareils élémens qu'on prétend nous rendre
cette vigueur de corps & d'esprit , sans laquelle l'exis-
tence , pour les états comme pour les individus ,
est plutôt un fardeau qu'un bienfait ? Je pourrais
encore, sous le rapport des moyens & de la capacité,
vous dire ici avec le *philosophe de Ferney :*

> Il est beaucoup d'emplois, mais les talens sont rares.
> Si dans Rome avilie, un empereur brutal
> Des faisceaux d'un consul honora son cheval ;
> Il fut cent fois moins fou que ceux dont l'imprudence
> Dans d'indignes mortels a mis sa confiance. (3)

____

(3) Ce reproche n'atteint pas un gouvernement qui
veut le bien , mais cette tourbe de coquins qui ne le circon-
viennent que pour le tromper.

Saint-Pierre. Ah bon ! je vous entends : c'eſt une épuration , c'eſt une refonte générale que vous voulez , non pas demain , mais aujourd'hui , dans tous les corps militaires, adminiſtratifs & judiciaires.

Cidabot-Méblen. Tout juſte.

Saint-Pierre. Bien , bien , très-bien vu : c'eſt le moyen , par l'aſcendant de l'exemple , de mettre tous les cœurs en *harmonie* avec le *jet* & les *combinaiſons* de la première république du monde. C'eſt le moyen de créer , au ſein d'un peuple tranquille & vertueux au dedans , puiſſant au dehors , la plus déli-cieuſe de toutes les *conſonnances*. A cet égard , plus d'inquiétude : c'eſt-là préciſément ce dont , en vertu de la loi du 19 fructidor, s'occupe chaudement , depuis trois mois , l'active ſollicitude du gouvernement.

Cidabot-Méblen. Tant mieux ; mais.....

Saint-Pierre. Alte-là : je vous vois venir à mon tour. Gare, gare que , ſi je vous laiſſe aller vous-même , vous ne vous perdiez dans les anfractuoſités de l'immenſe chapitre des *mais* , des *car* & des *ſi*. Soyons juſtes : quelque clair-voyant que ſoit l'œil du gouvernement, on ne l'a pas toujours ouvert, cet œil ; on dort enfin quelquefois. Il ne peut donc, le gouver-nement, ni tout embraſſer, ni tout voir par lui-même. Cent fois le jour, quoique bien éveillé , il a beſoin & des yeux & des lumières d'autrui. Or, ſans comp-ter les eſprits bleus , les génies gauches , biſcornus & malveillans ; il y a , vous le ſavez , furieuſement d'yeux louches & perfides dans ce monde ; & puis, notre directoire, le croyez-vous compofé d'élémens furnaturels ? tâtez-vous : nous fommes tous charpentés du bois dont il eft fait.

Écoutez une vérité à laquelle l'expérience du préfent & la leçon du paffé ont déjà donné bien de la *pondération* : c'eft qu'avec les meilleures intentions, notre gouvernement fera long-tems encore, & fouvent & cruellement trompé dans fes différens choix. En faifant déguerpir du pofte qu'ils déshonoraient, des hommes inhabiles, tarés ou malveillans ; que de fois, pour les remplacer, la probité républicaine gémira de voir, à l'inftigation de lâches & de perfides confeillers, le directoire abufé, proftituer, avec fa confiance, les honneurs & les dignités de la république, à des bandits, à des frippons, à l'écume des chenapans !

CIDABOT-MÉBLEN. Il n'y a déjà que trop d'exemples de ce que vous dites-là. Mais tant pis alors, tant pis !... Quant à moi, j'ai dit le mot : c'eft au directoire français à en faire plus encore nôtre profit que le fien : car, comme vous l'avez vous-même, dans votre 13e. *étude*, fort bien obfervé, d'après quelques verfets de la politique fage du démocrate Nazaréen : *les peuples ne font pas faits pour les rois, c'eft-à-dire, pour les gouvernemens, mais les gouvernemens pour les peuples.*

Suivez-moi. J'ai là, fur le cœur, quelque chofe qui me pèfe comme un plomb, & qui m'étouffe. Tenez..... il faut que je me foulage.

Indépendamment des piéges fans nombre dans lef-
quels l'incorrigible malveillance cherche à faire tom-
ber le gouvernement , j'ai encore un tout autre fujet
de tranfe , & le voici :

Quand , d'un œil avide , inquiet je confidère l'en-
femble des remplacemens & des reconflitutions d'autorités , je ne fais , mais il me femble y appercevoir
très - diftinctement combiné , le fyftême machiavé-
lique des contre-poids.

SAINT-PIERRE. Comment ? la reprife du balan-
cier , du fyftême dévorateur de l'antropophage
CARNOT ! terreur panique d'un amant paffionné de
la liberté & du bonheur de fon pays. Je fais qu'en
général vous voyez bien ; que votre lunette-à-longue
vue , n'eft pas fans mérite : mais , mon cher CIDABOT-
MÉBLEN , il eft un efpace au-delà duquel vous n'y
voyez plus. Moi qui , placé plus près des évènemens ,
des chofes & des hommes , ne juge point à perte de
vue , je vous protefte fur mon honneur & fur toutes
les *confonnances* d'une judiciaire exercée , qu'il n'en
eft rien , abfolument rien. Le fyftême des contre-
poids ! y penfez-vous ? mais il ménerait , avant fix
mois , le directoire en maffe à la grève , & après
lui , tous les républicains à la boucherie. Mais la
république elle-même , noyée dans le fang & de fes
défenfeurs & de fes bourreaux , ne ferait bientôt
plus qu'un cadavre hideux à voir ; & le vaiffeau de
l'état , tout démâté & calciné par la foudre du roya-
lifme en fureur , difparaîtrait , pour jamais englouti,

avec

avec matelots, rameurs & paſſagers, dans les gouf-
fres de l'abyme & du néant.

Vous venez, en me redreſſant, de nous peindre
au vrai les intentions fortement prononcées de notre
gouvernement repréſentatif; & la peur vous fait placer, dans la minute, à côté de la douce conſolation
de la vérité, le poiſon d'une héréſie ! je ne vous
conçois pas. Oh ! de la confiance, mon camarade,
de la confiance ! Eh mais, ſi vos appréhenſions ve-
naient à prendre racine dans le cœur des patriotes,
où en ferait le directoire ? nous lui ferions faire de
la belle cire ! car enfin, voilà un principe : chaque
gouvernement a ſa baſe. La confiance de tous les
bons citoyens eſt excluſivement celle du nôtre ; c'eſt
ATLAS qui ſoutient de ſon corps le poids immenſe
de la voûte éternelle des cieux : ſapez cette baſe, le
gouvernement ſe diſloque, il croule, il s'encombre ;
nous perdons, ſans retour, l'ineſtimable prix de neuf
mortelles années de travaux, de peines, de larmes
& de ſang, la liberté : la perſpective riante du bonheur diſparaît, & avec elle, je vous le répète, mon
ami, oui, avec elle, pour jamais la république.

CIDABOT-MÉBLEN. O comme vous raſſérénez
toutes les *harmonies* de mon ame, conſolant BER-
NARDIN ! & que j'aime à vous entendre ! que j'aime
à vous voir redouter autant & plus encore que moi,
les fuites calamiteuſes du perfide ſyſtême des contre-
poids ! Vous me promettez, vous me jurez ſur vos
grands dieux, que cette infernale tactique ne ſouille

plus la politique , déformais franche & loyale , du gouvernement : je le défire au-delà de toute expreffion ; c'eft vous dire affez avec quel plaifir , avec quelle avidité je vous crois.

Il n'eft donc plus queftion , en éclairant la religion du directoire fur la valeur morale & politique des hommes , que de lui faire éloigner des charges & des emplois de l'état , tous les prédicans effrénés du trône & de l'autel. Ainfi du-moins nous ne le verrons plus compromettre , contre fes intentions , les intéréts & le falut de la chofe publique.

SAINT-PIERRE. O que la langue eft une belle chofe ! & qu'entre dire & faire, il y a de différence ! Vous avez lu mes *études ;* en voici encore une citation : *Il n'eft pas aifé*, y ai-je dit, *de trouver dans une ame navrée & timide le point précis de fa douleur, & de mettre fur fa bleffure le baume & la main du Samaritain.* Hé bien , cette difficulté n'eft rien auprès de l'embarras où fe trouve le gouvernement de féparer , au profit de l'état, dans le champ orageux des paffions humaines , l'ivraie d'avec le bon grain qu'elle étouffe. Propofer férieufement de donner au directoire , fur tous les individus à placer , des renfeignemens qui le mettent à même de ne faire jamais que d'heureux choix ; autant vaudrait , en vérité , me propofer de prendre la lune avec mes dents.

CIDABOT-MÉBLEN. Si peu d'étoffe dans la tête d'un homme d'efprit ! en montrer fitôt la corde ! je ne vous le pardonne pas.....

(19)

Saint-Pierre. Doucement, citoyen ; vous me provoquez......

Cidabot-Méblen. Ce n'eſt point mon intention : je m'échauffe, peut-être, mais je ne vous inſulte pas. La vérité , dit le proverbe, naît du choc des opinions.

Saint-Pierre. *Phraſe de bel eſprit. Pour moi, je méconnaîtrais la vérité , ſi je la rencontrais dans une diſpute. Ce ſont des diſputes que ſont nés les ſophiſmes, les héréſies , les paradoxes , les erreurs en tout genre ; peut-être même , en grande partie, les maux de notre révolution. La vérité, croyez-moi, ne ſe montre point devant les tyrans ; & tout homme qui diſpute, cherche à le devenir. La lumière de la vérité ne reſſemble point à la lueur funeſte des tonnères , qui naît du choc des élémens ; mais à celle du ſoleil, qui n'eſt pure que quand le ciel eſt ſans nuage* (4).

Cidabot-Méblen. Trop chatouilleux Bernardin , ne vous fâchez pas vous-même. Encore un ſeul inſtant d'attention ; & vous conviendrez avec moi que ce n'eſt point la mer à boire, que de ſignaler au gouvernement la marche à tenir, pour ne placer , à ſon gré , que des rouages républicains dans toutes les parties de la vaſte machine républicaine.

Saint-Pierre. Je vous écoute avec tout l'intérêt qu'inſpire la montagne en travail ; mais prenez garde qu'elle n'enfante..... une ſouris.

____

(4) 7ᵉ. *étude* vers la fin.

CIDABOT-MÉBLEN. Quand, forcé par le mauvais génie des adminiſtrations, on expédie, du cabinet du Luxembourg, des arrêtés de plus ou moins de deſti-tutions; qui eſt-ce qui, d'avance, eſt à l'affût des diplô-mes de nominations nouvelles? dites-moi, qui eſt-ce qui obtient & uſurpe le plus ſouvent, ſans pudeur, la confiance des gouvernans?

SAINT-PIERRE. Belle demande! l'inquiète nulli-té, le ſot compérage, la baſſe intrigue, l'ambition la plus déhontée.

CIDABOT-MÉBLEN. Vous l'avez deviné : c'eſt à peu près là, ce qui, entr'autres départemens, vient de ſe paſſer dans le mien, celui de la Marne.

Au moment où, la tête pleine de noir, je me diſpoſais à m'acheminer vers cette capitale, je reçois une lettre de l'un de mes amis. « Sais-tu, me dit-il,
» que tel qui vient d'être nommé à notre adminiſ-
» tration centrale, était *droitier* à la première légiſ-
» lature? qu'il a voté pour les BERTRAND, les
» LAFAYETTE, & conſtamment pour la COUR? on
» peut, pour en avoir la preuve, recourir aux appels
» nominaux. Oh que c'eſt bien réuſſi ! & voilà le
» fruit de l'intrigue ; voilà comme on induit en
» erreur le gouvernement, qui pourtant ne veut que
» des républicains pour fonctionnaires publics. Pour-
» quoi donc.....». Sans achever ni attendre la fin de ſes *pourquoi*, je replie ſa lettre, je ſaiſis la plume, & je lui fais cette réponſe du TÉLÉMAQUE : Pourquoi! mon ami. Parce que *des hommes artificieux & inté-*

reſſés environnent les gouvernans ; parce que *les bons ſe retïrent : ils ne ſont ni empreſſés , ni flatteurs ;* parce que *les bons attendent qu'on les cherche ,* & qu'on *ne ſait guères les aller chercher ;* parce qu'*auconiraire les méchans ſont hardis, trompeurs, empreſſés à s'inſinuer & à plaire, adroits à diſſimuler, préts à tout faire contre l'honneur & la conſcience , pour contenter ,* a dit FÉNÉ-LON, *les paſſions de celui qui règne* (5) , & moi, je dis, pour égarer les intentions de ceux qui nous gouvernent.

Pardon , citoyen , de la digreſſion ; elle était liée à notre ſujet. Pour vous dire tout net ce que j'en penſe , c'eſt une véritable baſcule que tous ces reviremens qui s'opèrent, *ab hoc & ab hâc ,* dans le cercle des différentes autorités conſtituées. Il ſemblerait qu'on ne s'étudie à faire paraître un inſtant les hommes ſur la ſcène politique , que comme des ombres chinoiſes ; il ſemblerait qu'on ſe donne le plaiſir de n'y faire danſer que des poliſſons , comme on le ferait d'une poignée de marionettes. Nous ſommes tous , & le directoire encore plus que nous, las de cet infernal manège ; & il eſt plus que tems que ce perfide jeu-là finiſſe. Le peuple français n'eſt point un peuple de badauts ; & ſes magiſtrats ou ſes mandataires, quelles que ſoient leurs fonctions, ne doivent point être des danſeurs de corde ou de vils baladins.

SAINT-PIERRE. Danſe ſur la corde qui voudra ;

---

(5) Livre II des *Aventures de* TÉLÉMAQUE , *fils d'*ULYSSÉ.

quant à moi , ni deſſus ni deſſous ; je n'en ſuis pas.

Mais au fait ; & voyons donc enfin comment , & par quelles *combinaiſons* , le gouvernement pourrait à l'avenir ſe garer de la fatalité des mauvais choix.

CIDABOT-MÉBLEN. Rien de plus aiſé. Le directoire veut-il ſavoir , par exemple , ſi dans les départemens, ſi dans leurs grandes communes , les ſalariés de la république marchent tous dans le même ſens que lui ? ſi tous y concourent , en raiſon de leurs moyens & de la place qu'ils occupent, à la faire aimer, reſpecter , & ſur-tout à la rendre heureuſe ? Que par une proclamation chaude & pleine de confiance , il le demande aux patriotes. Réunis à la voix des premiers magiſtrats du peuple , dans leur réponſe écrite ſous les yeux & ſous la penſée de la vérité , ils ne prendront conſeil que de leur amour pour les intérêts ſacrés de la patrie.

SAINT-PIERRE. Bon pour les véritables républicains : mais , mon ami , point d'épée à deux tranchans. Quelle nuée d'hommes faux , en effet , quel déluge de maſques vont, abuſant de ce moyen , ſe mettre ſur les rangs , & entrer en lice avec votre poignée de patriotes ! Vous allez d'ailleurs , enſévelir tout vivant le directoire ſous un monceau d'adreſſes, de pétitions , de remontrances de tous calibres. Ce fera pour lui *la perſpective de l'infini.* Mais quelle *perſpective* , & quel *infini !* Comment voulez-vous qu'il ſe tire de là ; & qu'au milieu du carillon *diſſonant* de toutes les paſſions, il diſtingue jamais la douce *mélo-die* de la vérité ?

CidaBot-Méblen. *Harmonieux* Bernardin, ce n'eſt point à ſa *mélodie*, c'eſt à ſa couleur native, c'eſt à ſon caractère qu'on reconnaît la vérité : & quelles que ſoient les nuances dont le menſonge adroit s'efforce de ſe voiler, toujours il perce à travers ces nuances ou les couches qui frélatent ſon odieuſe difformité.

Saint-Pierre. Tout cela eſt on ne peut mieux ; mais quelque bien dorée qu'elle ſoit, vous ne me ferez point avaller la pilulle. J'entrevois trop d'incertitudes, trop d'inconvéniens, vous dis-je, dans votre meſure qui pourrait devenir, à la longue, ſi-non le tombeau de la république, du-moins l'éternelle occaſion de ſes déchiremens, le moyen chancreux de l'ambition, de l'intrigue, de tous les genres de corruption, que vous voulez détruire.

Cidabot-Méblen. Il peut ſe faire que je me trompe ; je ne ſuis point de la race des vieux tiarés de Rome, & je ne me donne point pour infaillible. Briſons-là, & paſſons à d'autres.

Saint-Pierre. C'eſt une choſe terrible que la refonte totale d'un grand empire. On heurte tant d'opinions ! on froiſſe tant d'intérêts ! Que de larmes à eſſuyer ! que de plaies à cicatriſer ! Et dans un gouvernement naiſſant au milieu des éclats de la foudre, & du choc affreux des orages, quelle tâche que celle de mettre, de toutes parts, les hommes & les choses à leur place !

CIDABOT-MÉBLEN. Je conçois que cela est un peu plus difficile qu'il ne vous l'était, par exemple, & à d'autres polissons de votre âge, *d'enlever, dans votre enfance, d'un souffle toutes les aigrettes de la sphère emplumée d'un pissenlit.*

Vous ne voulez pas de ma proclamation, point de mon appel bruyant à la sagesse des patriotes ; soit. Mais le directoire ne pourrait-il pas, au défaut de cette mesure, se ménager dans toutes les grandes communes de la république, comme dans autant de quartiers de réserve, une sorte de conseil privé ?

SAINT-PIERRE. Je ne vous entends plus ; expliquez-vous.

CIDABOT-MÉBLEN. Il existe au sein de toutes nos cités des hommes qui, sans désir comme sans besoin de places, d'honneurs & de richesses, n'ambitionnent, dans l'absence des passions, que la gloire, la prospérité & le bonheur de leur patrie. Ces hommes-là sont connus : pendant les crimes & les farouches espérances de la réaction, ils grossissaient les effroyables listes de proscription, rédigées à la cour de Blankenbourg, par l'hypocrisie religieuse & le fanatisme de toutes les parties de la France. Oui, c'est-là sur-tout que les noms de ces généreux apôtres de la liberté publique étaient inscrits, en caractères de sang, sur l'exécrable livre de mort. Hé bien, pourquoi ces noms, obscurs pour la plupart, mais chers à la patrie, ne feraient-ils pas recueillis par les foins du gouvernement ? Pourquoi ne feraient-ils pas, dans le palais directorial, burinés en traits de feu par l'amour & la reconnaiffance, fur le grand livre de vie ?

SAINT-PIERRE. J'entrevois votre idée ; elle eft grande, bien conçue, & . . . .

CIDABOT-MÉBLEN. De grace, n'en interrompez pas le fil : donnez-moi du-moins le tems de la développer, & à vous celui d'en faifir, avec fes avantages, les différens points de contact.

Voilà, lorfqu'il eft queftion de deftituer des fonctionnaires ignares ou infidèles, & de leur donner des fucceffeurs qui foient du-moins à la hauteur de leur miffion ; voilà le confeil de Sages que je voudrais voir, dans ce cas, préfider, non pas en perfonne, mais par la penfée écrite, à toutes les délibérations du directoire. Adoptez-moi cette mefure ; vous ne donnerez plus rien au hafard : l'intrigue eft déjouée, la perfidie fe mord les lèvres, & l'ambition qui n'a plus le tour de fon bras, va, près du fot orgueil, fécher d'ennui avec le vil égoïfme qui lui donna naiffance.

Je me répète, peut-être ; mais il eft des vérités fur lefquelles on ne faurait trop infifter, Oui, quand vous aurez ainfi placé dans la hiérarchie, ou plutôt, dans toutes les ramifications de l'autorité, l'élite des vertus & des talens, vous aurez tout fait pour la réfurrection de l'efprit public. Ne cherchez point ailleurs de fecours contre les efforts des ennemis de l'empire : vous en trouverez, & de refte, dans le bon efprit & le courage de ces vertueux fonctionnaires. Mais fi, martyrs de leur zèle, ils étaient deftinés à périr les premiers fur la brèche, pour la défenfe de la patrie ; électrifée par leur exemple & leur généreux dévouement, toute la nation, fe levant en maffe, deviendrait alors la bande facrée ; mais plus heureufe que celle des Thébains, elle arracherait, avec la vie, l'orgueil de la victoire à fes lâches & féroces ennemis.

Je me réfume. Les hommes chacun à leur place, y font auffi rentrer les chofes. Par-tout l'ordre fe rétablit, la tranquillité renaît, la profpérité commence, la liberté triomphe, la république s'affermit, & le bonheur national achève de la confolider fur le roc & la durée des fiècles.

SAINT-PIERRE. Dieu béniffe vos défirs & mes vœux ; ce font ceux des vrais amis de la patrie. La *coupe* de votre dernier *plan* eft heureufe, & j'aime votre confeil invifible de fages patriotes, qui préfident par la penfée aux opérations du directoire.

Mes occupations m'appelent ailleurs, je vous quitte ; mais, croyez-moi, profitez de votre féjour ici, faites part de votre conception au gouvernement : il n'en défaprouvera pas l'idée ; il ne demande qu'à s'entourer des lumières des bons citoyens.

CIDABOT-MÉBLEN. C'eft près de vous, fage BERNARDIN, c'eft dans l'intérêt de votre converfation que j'ai puifé les idées que je viens de vous développer : elles vous appartiennent , comme vous voyez , autant & plus encore qu'à moi. Toutefois, j'aime à fuivre vos confeils. Après m'être lefté d'une bavaroife , je vais , puifque vous le jugez utile , dialoguer notre entretien. J'en remettrai l'original à notre ami , le patriote LEMAIRE , avec invitation de l'imprimer & de le publier aux dépens , s'il y a lieu , de la curiofité publique. Au furplus , ce ne font pas les frais de l'impreffion , qui le tiendront ; il a contracté , avec fes preffes , l'habitude des facrifices ; témoin, entre mille , *la Contagion facrée* , chef-d'œuvre de logique & de raifonnement , qu'il a encore enrichi de notes précieufes , & qu'il vient de tirer à plus de quinze mille exemplaires.

Quand notre dialogue fera moulé , je vous en donnerai des nouvelles : le directoire en recevra les premiers échantillons ; j'en glifferai un particuliè-rement au philofophe FRANÇOIS *de Neuf-Château*; & puis, bon jour, la compagnie : je m'échappe de la grande ville, & je regagne, à toutes jambes, le réduit folitaire où m'attendent, de quarante lieues, l'amitié d'une fœur , les charmes de l'étude , mes livres , mes malades & la bonhommie champenoife.

A CHAALONS,

Chez BONIEZ , Imprimeur rue de Brebis , N°. 3.

www.ingramcontent.com/pod-product-compliance
Ingram Content Group UK Ltd.
Pitfield, Milton Keynes, MK11 3LW, UK
UKHW021709090726